LETTRE

DU
PUBLIC PARISIEN,

A

PIERRE-AUGUSTIN CARON

DE BEAUMARCHAIS,

Ou VIE abrégée de notre Bourgeois.

On l'opprime ; il peste , il crie ;
Il s'agite en cent facons :
Tout finit par des chanfons.

Vaud. du Mariage de Figaro.

A KELL,

Aux dépens de notre Bourgeois.

1787.

LETTRE

D U

PUBLIC PARISIEN;

A

PIERRE-AUGUSTIN CARON

DE BEAUMARCHAIS.

Très-vertueux Ami,

Il y a près d'un demi-siecle que vous daignez m'écrire ou m'apoſtropher dans vos ouvrages. Pardonnez ſi je n'ai point encore haſardé une réponſe ; je n'ai pas oſé me meſurer avec un écrivain qui manie ſa langue

A 3

avec tant de soupleſſe ; qui fait ſi bien faire rire & placer les rieurs de ſon côté.

Mais la réputation redoutable dont vous êtes environné , ceſſe de m'effrayer , dès que vous me taxez d'injuſtice & d'ingratitude. Je ne puis garder plus long-tems le ſilence , & je dois vous prouver que je n'ai jamais été injuſte ni ingrat à votre égard.

Vous fixâtes mes regards , monſieur , dès votre plus tendre jeuneſſe : vous ſavez combien je fus charmé de l'adreſſe avec laquelle vous parvîntes à ſurprendre le plan d'un cadran perpétuel à un vieux ouvrier de feu M. Caron votre pere. Je craignois , je vous l'avoue , que cet artiſte ne prouvât qu'il étoit l'unique inventeur du mouvement enchaſſé depuis dans une bague , à laquelle vous devez votre célébrité plus étonnante encore. Mais ſi le compagnon horloger avoit plus de génie que vous , vous aviez plus d'éloquence que lui ; & ce fut avec la plus vive ſatisfaction que je vis les tribunaux vous reconnoître pour le véritable inventeur de ce bijou , & rejetter les réclamations , les prétendues preuves de votre antagoniſte. Ce jeune homme , dis-je alors , ira loin. Je ne me ſuis pas trompé.

A peine cette bague fut miſe au doigt charmant de la belle P....., que vous brillâtes dans le monde. Préſageant votre deſtinée future , vous eûtes le ſoin de vous dépouiller de tout ce que vous teniez d'une éducation groſſiere. Les graces préſidoient à votre maintien , à votre langage ; vous devîntes l'homme à la mode ; vous fîtes les délices des *caillettes* & des *petits-maîtres*. Une ſeule choſe pouvoit troubler quelquefois les plaiſirs des coteries où vous étiez fêté: c'étoit votre nom. Ce nom inſpiroit des idées triſtes aux perſonnes qui connoiſſoient un peu la fable : c'étoit celui d'un nautonnier ſordide, qui, dit-on , eſt chargé de nous voiturer dans l'autre monde : & lorſqu'un grand laquais vous annonçoit à madame la comteffe, à la petite veuve, madame la comteffe & la petite veuve croyoient voir le patron de la barque fatale, & s'évanouiffoient enfemble. Votre efprit vous fuggéra de fubftituer à ce nom effrayant, un nom qui infpirât des idées nobles & agréables ; vous prîtes celui de Beaumarchais, nom illuftre dans les armes, & que vous avez à jamais immortalifé.

Je vous chéris dès-lors, & vous eftimai. Comme moi, vous aimiez les arts agréables ; comme moi, vous faifiez des vers, de la profe, des ca-lembourgs & de la mufique. Il ne paroiffoit pas un madrigal, pas une chanfonnette où vous n'euffiez quelque part. Vous pinciez de la guitare mieux encore que votre lefte *Figaro*. Le maî-tre qui vous avoit appris cet art, ob-tint pour vous la permiffion de l'exer-cer en préfence de Louis XV, & vous fit même admettre dans les pe-tits concerts qui fe donnoient chez les princeffes fes filles, à qui ce même maître donnoit des leçons de cet inftrument. Vous plûtes bientôt à vos condifciples ; vous eûtes l'art de prouver que le maître en favoit moins que vous, on le congédia, & vous voilà devenu de compagnon horloger, maître de guitare. Jugez combien je fus charmé d'apprendre cette nouvelle, moi qui avois prédit votre élévation future, moi qui vous prônois par-tout comme un homme étonnant, plein d'efprit, d'imagination, de talens, capable de tout entreprendre, de tout exécuter, & de plus, *aimant les femmes pour elles.*

Je ne puis encore m'empêcher de rire, lorfque je me rappelle la rufe que vous employâtes pour obtenir une voiture. Vous n'aviez pas de quoi l'acheter, & vous en vouliez une. Cela étoit jufte. Combien de gens en ont deux, & ne vous valent pas !

Il pleuvoit à verfe ; une boue épouvantable couvroit la route de Verfailles ; vous partez de Paris, vous arrivez, vous paroiffez devant les princeſſes comme ſi l'on vous eût tiré ſur l'heure du filet de Saint-Cloud. Comment, M. de Beaumarchais, diſent-elles en reculant d'effroi, eſt-ce que vous êtes venu à pied ? --- Oui, meſdames ; l'amour de mon devoir a pu ſeul me faire entreprendre ce fatigant voyage. Louis XV entre : — Papa, voyez donc M. de Beaumarchais, dans quel état le voilà ! le monarque ſourit. — Ah ! Papa, nous vous en ſupplions, faites à cet aimable *maître* le cadeau d'une voiture. Le prince donne des ordres, & vous trouvâtes le lendemain, à votre porte, un char doré, traîné par deux ſuperbes courſiers, eſcorté de deux grands ruſtres bigarrés, aux gages du roi, & dont vous pouviez diſpoſer pour toujours à votre gré. Je l'ai toujours dit, répétai-je alors, ce jeune homme ira loin ! Juſqu'ici vous n'avez pas, je penſe, à vous plaindre de moi.

Vous voilà ſur un grand théatre ; vous voilà rempliſſant à la cour le noble emploi de bouffon ; & je ſuis perſuadé fuadé que dans un autre fiecle ; vous feriez devenu l'ami Bonot de la cour. Mais vous n'y jouez pas moins un grand rôle. Vous voltigez d'aventure en aventure , de conquête en conquête , & pas une belle fur-tout ne pût jamais vous accufer de lui être refté fidele. Vous devenez l'inftrument & le miniftre des plaifirs des courtifans , & de ceux de leurs femmes. C'eft vous qui tramez les intrigues ; c'eft vous qui en brifez les nœuds. Vous planez majeftueufement , pour ainfi dire , entre la terre qui vous admire & le ciel qui vous contemple.

Mais l'envie , toujours inféparable du mérite , & qui fut toujours l'ombre de la gloire , l'inexorable envie s'attache fur vos pas , vous fufcite une foule d'ennemis , vous compromet dans une affaire éclatante : on vous accufe très-férieufement. Vous repouffez d'atroces imputations par de fines plaifanteries, par des épigrammes ; & tandis que la févere Thémis prononce votre condamnation , moi public , je vous abfous. J'achete , je prône , je repands vos pamphlets , & vous donne cent mille écus pour vous indemnifer de la petite tache que les juges ont imprimé à votre nom ; de forte qu'en perdant votre procès , vous avez vaincu. Vos fuccès aigriffent de plus en plus vos ennemis. On vous attribue des baf-feffes , des anecdotes fcandaleufes. Vous écrivez encore , & *vous avez vaincu.*

Une femme , (1) fous le coftume de notre fexe remplit dans une cour étrangere le plus noble & le plus dif-ficile des emplois ; votre jargon lui plaît , votre efprit la captive , votre figure trouble fon ame : elle vous confie fon fatal fecret , (un fecret fuffoque toujours une femme) ; vous vantez par-tout votre triomphe , vous la perfécutez dans l'efpoir d'obtenir fa place ; vous combattez , elle fe défend , fuccombe , & *vous avez vaincu.*

____

(1) Le Chevalier Deon.

Deux écrivains , dont la célébrité vous bleffe , ont l'audace de ne pas vous eftimer ; vous prenez la plume , un (1) des deux champions met bas les armes , & *vous avez vaincu*. L'autre (2) vous combat vigoureufement , vous peint fous des traits horribles. C'eft peu ; il vous rencontre dans la rue , affure que vous avez refufé un cartel qu'il vous a envoyé , vous donne groffiérement cent coups de canne , vous traîne inhumainement dans le ruiffeau ; & vous plus grand , plus poli , dédaignant une arêne , où ne fe mefurent que les athletes de la populace , vous vous levez fiérement , vous prenez la fuite , & rentrez dans votre cabinet. Vous lancez à votre rival , au nom d'une compagnie de porteurs d'eau , une diatribe qui m'a fait rire pendant trois grands jours, & *vous avez vaincu*. Les idées contenues dans cet écrit éloquent font fublimes. Je trouve , fur-tout , délicieux le *Mirab....* qui

---

(1) Ling. ***
(2) Mirab...

MIRABILIA *fecit*. Oh ! je vous affure ,
mon vertueux ami , que perfonne ,
mieux que vous , n'a ce fonds iné-
puifable de génie & de gaieté , qui
font , dès long-tems, mon admiration.

Avez-vous, jufqu'ici , à vous plaindre de moi ? Je ne le penfe pas.

Vous avez été l'homme du gouver-
nement. Vos ennemis vous ont repro-
ché d'avoir rançonné la patrie , d'a-
voir encouru le mépris des chefs de
l'armée que vous étiez chargé de fubf-
tanter , & les plaintes & l'indignation
de leurs fubalternes. Prenez garde ,
homme vertueux , ce font vos ennemis
qui l'ont cru, qui l'ont publié ; je n'y
fuis pour rien.

Un charlatan qui n'a qu'un poifon ,
le déguife felon le goût de ceux qui
veulent l'acheter. Le Français aime
la médifance , il aime à rire ; mais
vous connoiffez l'inconftance & la mo-
bilité de fon caractere , & vous avez
craint , avec raifon , en le fatigant
de pamphlets , qu'il ne baillât enfin ,

& de perdre ainfi votre encre & votre papier. Vous avez enrichi le premier théatre de l'Europe, d'une excellente comédie que j'ai mife au deffus des chefs-d'œuvres de Plaute & de Moliere.

Sous le nom de *Figaro*, vous avez paru vous-même fur la fcene. Je vous ai reconnu, monfieur, je vous ai reconnu. Figaro a votre tact, votre philofophie, votre foupleffe, ou votre noble fierté, felon les circonftances : il jafe bien, il amufe, il plaît par fes réparties ingénieufes, par fes fines plaifanteries, par fes brocards mordans. Tout ce qui le diftingue de vous, mon ami, c'eft qu'il eft flatteur, qu'il eft parvenu à force de ramper, qu'il eft peu délicat en fait d'amour & de fidélité conjugale, qu'il eft ami perfide, citoyen dangereux, & qu'il a fait les métiers les plus vils pour vivre. Les dames, en le voyant, s'écrioient, comme il eft aimable, ce barbier; en vérité, il eft charmant. Hé bien, madame, c'eft le portrait fidele de fon patron ! — Le page arrivoit ; il eſt gentil, ce petit frippon ; comme il eſt entreprenant ! — Que feroit-ce, fi vous connoiſſiez ſon papa !

Vous allez voir combien je vous ſuis dévoué, & combien je vous ad-mire. Vous ſavez avec quel zele j'ai agi pour déterminer le ſuccès équi-voque de votre *folle journée*. Voici, mot pour mot, l'entretien qu'a eu à la centieme repréſentation, un abbé de beaucoup d'eſprit, avec un pédant très-ſot.

Le pédant. N'eſt-il pas honteux pour la nation la plus éclairée & la plus polie du monde, qu'une ſatyre perſonnelle miſe en ſcene, & qui n'eſt qu'un recueil d'épigrammes ſanglan-tes, d'obſcénités & d'équivoques groſ-fieres, ait mérité des applaudiſſemens fur le premier de ſes théatres ?

L'abbé. Quoi ! Monſieur, de la mo-rale ! *bravo*, continuez ; je l'aime la morale, je l'aime à la folie...... Vous trouvez donc qu'une piece qui a eu plus de cent repréſentations conſécutives, n'eſt qu'un monſtre informe qu'on auroit dû ſiffler dès la premiere ſcene, & qu'on n'auroit pas dû permettre de jouer juſqu'au ſecond acte ? Quelle eſt la preuve irrévocable de la bonté d'une piece ? n'eſt-ce pas l'affluence des ſpectateurs ?

Le pédant. La beauté des choſes tient quelquefois au local. On a ri, ſans doute, on rit encore au *mariage de Figaro ;* mais la poſtérité y rira-t-elle, comme on rit & l'on rira au *malade imaginaire,* & aux *femmes ſavantes ?* On a ri dans la capitale, mais rira-t-on dans la province & dans les pays étrangers (1) ?

Ce n'eſt point en jouant les perſonnes, comme bien des gens ſe l'imagi-

---

(1) *Note du pédant.* Non : la preuve en eſt qu'à Bordeaux, à Rouen, à Bruxelles, *la folle journée* a été ſifflée, & s'eſt à peine traînée vers ſa fin.

nent , qu'on réuffit au théatre. Le moyen de capter les fuffrages de tous les pays & de tous les tems , eft de peindre la nature , qui eft par-tout la même.

L'abbé. Eh ! comment corrigerez-vous les vices fans les peindre ?

Le pédant. Le théatre a fes regles de morale , comme fes regles d'amufement. Dans les tableaux qu'il préfente pour corriger les vices , il ne doit employer que des traits généraux ; les perfonnels font exclus.

L'abbé. Et dites - moi , monfieur *Panglos* , Moliere n'a-t-il pas joué *les perfonnes* dans *le Malade imaginaire* & dans *les femmes favantes* ? Pourquoi ne feroit-il pas permis à M. de Beaumarchais , de fuivre l'exemple d'un fi grand maître ?

Le Pédant. Si Moliere a joué les perfonnes, il fut coupable, parce que la premiere régle du théatre eft *l'honnêteté*

nêteté publique. Mais les mémoires du tems nous apprennent le contraire. Lorsqu'il donna *les Femmes savantes*, il y avoit plusieurs maisons dans Paris, où les lettres étoient accueillies. On y voyoit des femmes respectables, qui, pour se délasser des soins du ménage, & se débarrasser de cette chaîne d'ennuis, qui obséde les femmes de nos jours dans les cercles & des visites éternelles, se formoient le cœur & l'esprit, au lieu de ruiner leurs maris au jeu, ou de les déshonorer dans les boudoirs. Moliere avoit fréquenté ces coteries scientifiques ; il y avoit vu des abus du savoir, des ridicules ; il voulut corriger ses amis. Il ne désigna point directement les personnes ; il les peignit, il est vrai, d'après nature ; mais en généralisant les traits , pour en faire un grand tableau. Il connoissoit trop bien les régles de son art , pour s'amuser à peindre [ces *particuliers* , chétifs portraits de famille, qui ne passent point à la postérité.

L'Abbé. Il est donc faux que Moliere ait joué les personnes ?

C

Le Pédant. Ce génie inépuisable laiſſoit ces petits moyens aux Cotins & aux Beaumarchais de ſon tems. Qu'on retranche du phantôme de comédie , dont on nous donne aujourd'hui la centieme repréſentation , les perſonnalités dirigées contre les rois , les miniſtres , les gens de robes , les militaires , les prêtres , les femmes , &c. &c. que reſtera-t-il ? Je dis plus , qu'on l'expoſe ſur un théatre où l'on n'ait que le bon ſens pour entendre , & le goût pour ſentir , quelle ſera la ſituation des ſpectateurs ? ne faudra-t-il pas l'avertir de rire ?

L'Abbé. Cette précaution n'a pas été néceſſaire à Paris.

Le Pédant. C'eſt que le public de Paris forme deux claſſes , dont l'une eſt celle des ſots qui rient de tout , même de leurs ſottiſes ; & l'autre, de gens inſtruits qui rient par contagion.

L'Abbé. Pour moi , je meurs d'envie d'éclater depuis que je vous entends, & je vais vous prouver trois choses, en deux mots; la premiere, que vous êtes un sot, parce que la piece est.....

Ici la toile se leve, & je fus privé du plaisir d'entendre le dénouement de cette scene vraiment comique.

Quant à moi, je vous fais justice de vos ennemis, & sur-tout de cent aboyeurs littéraires, qui, pendant trois mois consécutifs, lancerent, de leurs greniers, tant de grossieres injures contre votre respectable personne, & cette épigramme indécente que vous eûtes la présence d'esprit de faire imprimer dans le journal de Paris, pour leur apprendre que votre conscience étoit tranquille, & que vous braviez leurs mugissemens & leurs calomnies atroces. A peine avez-vous forcé au silence cette ligue adultere, que votre humanité vous suscite d'autres chagrins. Une femme, privée des bras de son mari, sans fortune, sans asyle, mere de sept petits enfans, se voit en

proie à la plus affreufe mifere : vous
volez à fon fecours , vous lui prodi-
guez vos bienfaits généreux. Un prêtre
plein d'efprit & de fagacité , un prêtre , qui fait mieux une tragédie qu'un
fermon , qui n'a jamais dit la meffe ,
mais qui a fait des milliers d'heureux ,
a la hardieffe de cenfurer votre con-
duite ; il affure qu'au lieu d'une fomme
confidérable que vous dites avoir re-
mife à la veuve infortunée , vous ne
lui avez donné, en murmurant , le di-
rai-je, qu'un écu. Quèl blafphême ! Il
vous connoiffoit bien peu , ce bon eccléfiaftique , pour croire qu'un homme
riche de vingt millions , un homme
fenfible , compatiffant , qui fignala fon
humanité dans tant d'occafions éclatantes , ait ofé préfenter un miférable
écu à une mere éplorée , à qui fept
enfans affamés demandent un pain
qu'elle n'a pas.

Vous aviez avancé que le produit de
votre comédie étoit deftiné aux femmes en couche , & que M. de Boiffy ,
tréforier-général des pauvres , avoit

déja touché , au théatre français ;
50,000 liv. fur un mandat de votre
part. L'infatigable eccléfiaftique vous
repondit, que le fait étoit faux , que
vous aviez vous-même touché ces fonds,
qu'ils étoient entrés dans votre caiffe ,
& que cette parade de bienfaifance
n'étoit dans vous qu'un véritable char-
latanifme.

Je fouffrois pour vous alors , & j'a-
vois de funeftes preffentimens que l'a-
venir ne juftifia que trop. Je vous avois
vu , pour me fervir de vos propres ex-
preffions , *vaincre tigres & lions* ; je
triomphois avec vous. J'étois votre par-
tifan , & ma gloire dépendoit prefque
de la vôtre. Mais.... ô nuit défaftreufe !
ô nuit effroyable ! ô fouvenir déchirant !
tous ces fervices font oubliés ; on ne
refpecte plus ni vos lauriers , ni votre
génie ; & l'homme qui avoit corrompu
l'autorité, qui avoit toujours bravé l'autorité , eft tout-à-coup forcé *de fe cour-
ber fous la verge* flétriffante de l'autorité. Cependant il n'a fait que fuivre la
pente naturelle des chofes humaines.

Rome , Sparte , & les magnifiques monumens de l'antiquité , ont péri ; l'homme doit-il se flatter de durer toujours ? Le mortel le plus puissant ressemble au cèdre orgueilleux : il cache aujourd'hui , dans les nuages , sa tête superbe ; un souffle de l'aquilon fougueux , il le renversera demain dans la boue.

Combien de larmes m'a coûté ce fatal évenement ! combien de murmures , de conjectures malignes je me suis permis ! Je ne savois point , hélas ! qu'un jour je bénirois cette *heureuse faute* , & qu'elle devoit racheter quelques jours de douleurs par des années de plaisirs. Je ne savois point que ce seroit dans cette retraite obscure , que *mon vertueux ami* se vengeroit de ses concitoyens , en travaillant à les amuser , lorsqu'on auroit brisé ses chaînes.

Je ne pouvois supporter l'idée de l'inhumanité avec laquelle on traitoit un écrivain , un homme couronné par tant de succès brillans. Priver de la

liberté un homme jusqu'alors indépen-
dant de tout ; conduire le plus vertueux des hommes dans un lieu deſtiné
aux mauvais ſujets échappés au glaive
de la loi ; l'enfermer dans un lieu de
correction , où un pere , homme de
bien , enferme ſon fils qui le déshono-
re , & forcer un ſexagénaire de rece-
voir chaque jour la même viſite qu'un
écolier reçoit quelquefois au collége.

La vie de ce monde eſt un tiſſu de
calamités. Vous êtes libre ; un homme
puiſſant vous prête ſon appui pour faire
le bien ; vous rendez des ſervices impor-
tans , des ſervices que je n'oublierai jamais , quelque tournure que prenne cette
affaire , & qu'auroit dû mieux reconnoître l'adverſaire qui ſe plaint aujourd'hui
de vous avec tant d'amertumes.

Vous l'avouerai-je , mon cher Pierre-
Auguſtin , j'ai tremblé pour vous , en
liſant l'éloquent mémoire de ce malheu-
reux allemand. Un citoyen ſpolié de ſes
biens , de ſa femme , de ſes enfans , en
proie depuis pluſieurs années aux hu-

miliations, aux angoiſſes, n'ayant ſur la terre d'autre appui que l'amitié, d'autre protecteur que l'amitié, d'autre conſolation que la ſainte amitié; releve enfin ſa tête affoiblie ſous la perſécution & l'ignominie, fait entendre une voix perçante, celle d'un opprimé qui réclame les droits les plus ſacrés de l'homme, la liberté & la propriété, droits précieux que lui ont ravis le pouvoir & les menées honteuſes d'un homme qu'il nous peint toujours avide, toujours jaloux d'une célébrité flétriſſante. Son langage eſt celui du ſentiment, l'accent de la douleur, l'expreſſion de l'innocence. Son mémoire eſt écrit avec cette éloquence nerveuſe, qui décele la bonne cauſe, & avec cette fermeté noble qu'inſpire une conſcience exempte de reproches. Je vous le répete, mon cher Pierre-Auguſtin, j'ai tremblé pour vous. Beaumarchais eſt perdu, me ſuis-je écrié. Mais quelle a été ma joie en apprenant par vous-même, que vous vous *occupiez* du ſoin *de recueillir toutes les pieces néceſſaires à l'éclairciſſement de cette ſcélérateſſe* (le mémoire

imprimé

imprimé contre vous) , & *que vous preniez l'engagement de démontrer aux tribunaux , & à vos concitoyens* , que c'étoit un coup *lâchement porté par un furieux qui s'exposeroit au châtiment !* quelle a été ma joie , lorfque vous avez exhorté vos *vertueux amis* à ne *point s'affliger du mal momentané qu'on vous faifoit* , & moi à *ne point me fatiguer à vous défendre.* Je l'ai fait avec le zele le plus ardent ; j'ai dit , & mille fois répété , que vous vous tireriez de ce mauvais pas ; j'ai fait plus , on a pleuré , on pleure toutes les fois qu'on relit le mémoire de votre adverfaire , parce que la premiere prérogative de l'éloquence , eft d'être touchante. J'ai promis que vous nous feriez rire les fots & moi. Oh ! pour cette fois je n'ai pas prophétifé ! votre mémoire paroît ; on m'avoit donné celui de l'Allemand , je l'ai trouvé bien fait ; vous m'avez vendu le vôtre , je l'ai trouvé déteftable , indigne d'un écolier de quatrieme. Mais vous m'avertiffez que vous *avez fait en quatre nuits* , l'ouvrage de quinze jours.

D

Lorsqu'on est si expéditif, on a des droits à mon indulgence. D'ailleurs vous me prévenez que vous ne vous amuserez point à *tricoter des mots*, & à *filer des phrases* : que pressé par *les circonstances de publier votre justification sur les atrocités qui vous font imputées dans le libelle de* Guill. Kornman *,* vous vous contenterez *d'opposer des preuves claires & concises , à des inculpations vagues & calomnieuses.* Ainsi , passons sur le style , pour voir vos moyens de justification. Je tremble que vous ne vous soyez pas pleinement justifié. Kornman vous accuse , 1°. d'avoir surpris par vos calomnies la religion d'un magistrat, & d'avoir fait servir *la dame son épouse à vos plaisirs , & à ceux d'un homme en place ;* vous ne détruisez pas entiérement le préjugé du public sur cette imputation.

2°. Kornman vous accuse d'avoir écrit contre lui une lettre calomnieuse & insidieuse à un ministre , pour lui ravir sa fortune & son crédit , & vous ne repoussez point cette accusation.

3°. KORNMAN attefte que vous avez introduit dans l'adminiftration, & les finances des Quinze-Vingts, un défordre *puniſſable*, & vous ne repouſſez point cette accuſation.

4°. KORNMAN affirme que vous avez menacé l'entrepreneur des bâtimens des Quinze-Vingts, de lui faire un procès au criminel, pour malverfation de fa part, s'il ne déclare pardevant notaire, que Kornman a détourné de l'établiſſement à fon profit, quatre-vingt-douze mille livres, & vous gardez fur ce fait un profond filence.

5°. Enfin, voici le portrait que fait de vous Kornman, page 2 & 61 de fon mémoire :

Je dénonce à l'opinion publique un homme remarquable par la célébrité malheureuſe qui accompagne ſon nom, fameux tantôt par des aventures éclatantes, tantôt par des anecdotes honteuſes, & qui toute ſa vie s'eſt occupé de publier avec orgueil le peu de bien qu'il a fait, & de ſe vanter

D 2

avec audace de tout le mal qu'il aime à faire ; un homme dont la vie entiere n'a été qu'un attentat particulier contre les mœurs & la probité ; un homme jetté dans toutes les affaires , dans toutes les entreprises pour en abuser à son profit ; un homme qui n'a jamais connu d'autres ressources pour accroître ou maintenir sa fortune , que l'intrigue , l'espionnage , la délation, la mauvaise foi : bas quand il est de son intérêt de ramper ; audacieux quand il s'est arrangé pour ne pas craindre ; insultant à l'autorité quand il peut le faire avec succès ; se vendant à l'autorité quand il peut en espérer des faveurs : un homme qui , pour citer un fait trop connu dans une circonstance politique , importante pour nous , se fait charger des fournitures nécessaires à l'A- mérique Anglaise , à l'instant où nous l'aidons à briser ses fers, & qui, au milieu des plus grands intérêts , ne méditant que son profit personnel , inonde les contrées du nouveau monde de marchandises va- riées , & porte ainsi au-delà des mers un coup funeste au commerce national à la réputation du nom Français : un homme qui , pour citer encore un fait plus connu , traîné publiquement dans la boue par un écrivain fameux qu'il a eu l'impudence d'insulter , n'a pas osé lever le front devant lui , & qui , par son silence coupable , a justifié l'apologie dont il a été couvert ; un homme ; en un mot , qui , toute sa vie , ne s'est agité que dans un foyer de corruption & d'imposture , & dont la sacrilege existence atteste avec un éclat si honteux , le degré de dépravation profonde où nous sommes parvenus. Un tel homme ose parler de son zele pour le bien public ! & c'est dans ses mains fangeuses que brille le flambeau de l'équité ! Certes , il doit bien être permis de s'abandonner à tous les mouvemens de son indignation & de sa douleur , quand on songe que c'est sous les coups d'un adversaire si vil , & qui devoit être si peu redoutable , qu'on a succombé.

Et vous gardez encore sur ce portrait peu flatté , un profond silence. Je commence à craindre pour vous : ou vous êtes coupables des atrocités dont on vous charge , ou vous avez perdu ce nerf qui jufqu'à ce jour a paru dans tous vos ouvrages. Dans ce dernier , on ne trouve point ces traits de feu , cette plaifanterie fine & ménagée , ces far-cafmes poignans qui font dévorer vos autres écrits. Jufqu'ici vous n'avez pas à vous plaindre de moi ; vous voyez que c'eft à tort que vous me taxez d'in-juftice & d'ingratitude. Vous m'ap-pellez (1) *Public inconcevable , Athé-niens légers & cruels !* qui nous *livrons comme des enfans , au premier brigand qui nous parle ; & toujours injuftes en-vers vous.* Prenez garde , vertueux ami, foyons conféquens. Je me fuis *livré* tout entier *à vous ,* dès le moment que vous m'avez *parlé ;* vous avez confervé mon eftime , & ma bienveillance. Me ferois-je trompé ? Seriez-vous *un brigand ?* Aurois-je été *injufte envers vous ? Puis revenant à une juftice foible & tardive ; mais qui ne remédie jamais au mal affreux de vos premiers difcours.* Vous me faites

____

(1) Mém. de Beaumarch , pag. 44.

trembler, monsieur ; je vous ai estimé ; est-ce que pour vous rendre une *justice tardive*, je serois obligé de revenir sur mes pas ?

Vous m'offensez encore cruellement, en me disant, que vous *ne deviez tous vos succès qu'à vos sottises*. Cet aveu n'est pas trop honorable pour vous ni pour moi.

Au reste, j'ai un conseil à vous donner ; c'est de vous défendre mieux une autre fois, ou vous me forcerez de revenir *à une justice tardive*, & de *remédier au mal qu'auroit* fait mes *premiers discours* à ma réputation.

J'ai des complimens & des remerciemens à vous faire. Vous vous doutez que c'est de votre *Tarare*, que je veux parler. Foi de Public, il est charmant, ce Soldat parvenu ; sa destinée prouve, comme celle de bien des gens, qu'avec beaucoup d'audace, beaucoup d'impudence, & très-peu de délicatesse, on franchit tous les obstacles, & l'on devient ce qu'on veut. Mais dites-moi, vertueux ami, comment votre gaieté ne vous a-t-elle point abandonné dans la cellule ténébreuſe de Vincent de Paul ? Il faut être doué de votre iné-branlable philoſophie, & ſur-tout avoir la conſcience calme, pour imaginer de ſi belles choſes, pour faire de ſi beaux vers, dans le ſéjour des tribulations, & preſque expirant ſous le poids de l'opprobre, des angoiſſes & de l'humi-liation. On n'appliquera jamais avec plus de juſteſſe à perſonne qu'à vous, ces jolis vers que vous connoiſſez.

On l'opprime, il peſte, il crie,
Il s'agite en cent façons ;
Tout finit par des chanſons.
Vaud. du mariage de Figaro.